自分でできる
コグトレ
4

正しく自分に気づくためのワークブック

学校では教えてくれない
困っている子どもを支える認知ソーシャルトレーニング

宮口 幸治 編著　閑喜 美史 著

Cognitive Training

保護者と先生方へのまえがき

　本シリーズは、現在、学校教育等で幅広く使われ始めているコグトレを、子どもが一人でも取り組めるように構成したものです。コグトレとは、「認知○○トレーニング (Cognitive ○○ Training)」の略称で、○○には

　「ソーシャル（→社会面）Cognitive Social Training: COGST」

　「機能強化（→学習面）Cognitive Enhancement Training: COGET」

　「作業（→身体面）Cognitive Occupational Training: COGOT」

　が入ります。学校や社会で困らないために3方面（社会面、学習面、身体面）から子どもを支援するための包括的支援プログラムです。

　もともとコグトレは学校教員や保護者など指導者のもとでテキストを用いて実施するものですが、そういった環境を作るのがなかなか難しいといった声もお聞きし、子どもが一人でも読み進めながら学べる形式のテキストの作成を検討して参りました。

　本シリーズは、以下の「困っている子どもの特徴＜5点セット +1＞」に対応できるよう、コグトレを応用したワークブックを使って、一人で読み進めながら、登場人物とともに子ども自身が困っているところや苦手なところを克服していく展開となっています。(「困っている子どもの特徴＜5点セット +1＞」につきましては、『教室の困っている発達障害をもつ子どもの理解と認知的アプローチ──非行少年の支援から学ぶ学校支援』（明石書店）をご参照ください。)

　　・認知機能の弱さ　　　⇨　「学びの土台を作る」ためのワークブック
　　・感情統制の弱さ　　　⇨　「感情をうまくコントロールする」ためのワークブック
　　・融通の利かなさ　　　⇨　「うまく問題を解決する」ためのワークブック
　　・不適切な自己評価　　⇨　「正しく自分に気づく」ためのワークブック
　　・対人スキルの乏しさ　⇨　「対人マナーを身につける」ためのワークブック
　　+ 身体的不器用さ　　　⇨　「身体をうまく使える」ためのワークブック

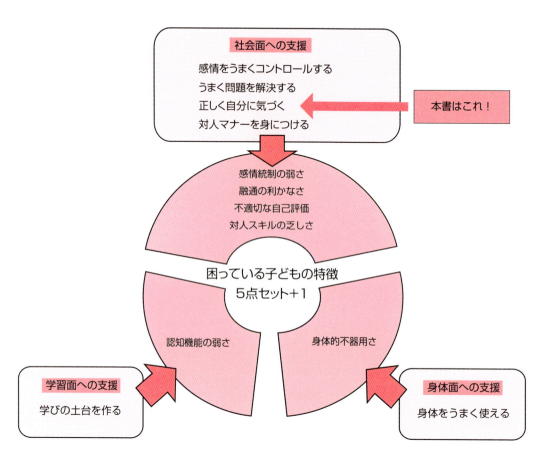

「困っている子どもの特徴5点セット+1」へのコグトレを使った
「社会面」「学習面」「身体面」からの具体的支援

本書は、左ページ図の「正しく自分に気づく」ためのワークブックに相当します。なお、支援者向けテキストは以下のものをご参照ください。
　『1日5分！　教室で使えるコグトレ　困っている子どもを支援する認知トレーニング122』（東洋館出版社）

　本シリーズをお使いいただき、困っている子どもたちの生きやすさに少しでもつながることを願っております。本書の企画に賛同頂きました明石書店様には心より感謝申し上げます。

著者を代表して

一社）日本 COG-TR 学会代表理事
立命館大学教授
児童精神科医・医学博士　宮口幸治

もくじ

保護者と先生方へのまえがき　3

登場人物　8
全体の流れ　9
はじめに　10

第1章　性格とは

性格とは何かを考える
- 1週目　性格って何？ ……………………………………… 12

性格は変わることを知る
- 2週目　久しぶりに会った友達 …………………………… 16

性格は場面でも変わることを知る
- 3週目　友達の態度が変わる ……………………………… 20

第2章　他人の性格を知る

人の生活や性格を見て自分に気づく
- 4週目　友達の家での様子（起床）………………………… 24
- 5週目　友達の学校での様子 ……………………………… 34
- 6週目　友達の学校が終わってからの様子 ……………… 42

みんなの困ったときの解決方法を見て自分に気づく
- 7週目　こんなときどうする？円卓会議 ………………… 52

第3章　未来の自分を想像する

未来の自分にメッセージを送ることで今の自分に気づく
- 8週目　時間差日記を書いてみる ………………………………… 62

未来の自分からメッセージをもらうことで今の自分に気づく
- 9週目　未来の自分からのメッセージ ………………………… 66

将来の夢を考えることで今の自分に気づく
- 10週目　夢ワーク（なりたい自分） ………………………… 70

第4章　過去の自分を知る

過去の自分マップを作って自分に気づく
- 11週目　人生山あり谷ありマップを描く ………………………… 74

過去の自分とメッセージをやり取りして自分に気づく
- 12週目　過去の自分にメールをしよう ……………………… 80

第5章　今の自分を知ろう

知らない自分に気づく
- 13週目　人から言われた言葉 ………………………………… 84

今の自分を知る
- 14週目　自分がどんな性格かを考える ……………………… 88

自分の好きなことに気づく
- 15週目　自分のワクワク感を考える ………………………… 92

おわりに　96

登場人物

>>> **れん**
　小学3年生。ゆいの弟。運動は好きだけど勉強は苦手。少し気が短くてあわてんぼう。でも正義感が強いところもある。

>>> **ゆい**
　小学4年生。れんの姉。弟の世話をしている。泣き虫だけど、がんばりやさん。でもがんばりすぎて失敗することも。弟にまけずおしゃべり。

>>> **山本先生**
　れんの担任。やさしくてきれいな女の先生。

>>> **田中先生**
　ゆいの担任。やさしくてかっこいい男の先生。

>>> **まどか先生**
　みんなのことを何でも知っている学校の先生。みんなが困っているときにアドバイスをしてくれる。

>>> **コグトレ先生**
　子どものこころのお医者さん。何が大切なのかを教えてくれる。

全体の流れ

>>> れんさん、ゆいさんの成長をいっしょにみていきましょう。本書の流れは次のようになっています。

>>> 「出来事」
れんさん、ゆいさんの毎日には、いろいろな出来事が起こります。

>>> 「考えてみよう！」
れんさんやゆいさんといっしょに、性格や自分のことについて考えてみましょう。

>>> 「ヒント」
まどか先生からヒントがありますので、参考にしましょう。

>>> 「まどか先生からのアドバイス」
まどか先生からこれからどうしたらいいかアドバイスがあります。

>>> 「みんなからの質問」
みんなが疑問に思うことについて、あなたも考えてみましょう。まどか先生の答えもあります。

>>> 「ここのまとめ」
最後にコグトレ先生からのアドバイスがあります。

はじめに

れん　ゆい

はじめまして。れんです。よろしく。

はじめまして。ゆいです。よろしく。

私たちは年子の姉弟です。二人とも、失敗したり困ったりすることが毎日いっぱいあります。

でも、ゆいがいろいろと教えてくれるから助かっています。

実は私も、れんに助けられることがけっこうあります。

ところで、みなさんは自分の性格について考えたことはありますか。私たちも、もっとこんな性格になれたらいいなと思うことがあります。

でも、性格ってなんでしょうか？

私は自分の性格がよく分かりません。

そこで、このワークブックでは自分がどんな性格かを知るために、他の人の性格を見てみたり、未来の自分を想像したり、過去の自分を思い出したりしながら、今の自分の性格に気づくことができればと思います。

自分の性格でなやんだときにこの本を読んで参考にしてもらってもいいし、全部読んで先に知っておくのもいいですね。

私たちがこの本の中でみなさんといっしょに成長できたらうれしいです。では、いよいよ成長の第一歩が始まります。

さあ、ページをめくって。 はじまりはじまり。

第1章 性格とは

ここで学ぶこと ▶▶▶ 性格とは何かを考える

出来事　性格って何？（1週目）

>>> れんさんとゆいさんが放課後、おうちでいっしょに遊んでいます。

ゆい

ねえ、性格うらないって知ってる？

れん

うーん。聞いたことはあるけど。どうして？

今、スマホのアプリで遊んでいたのだけど、「不器用な性格」って診断されたの。

不器用って、手とかで何かするときに使う言葉じゃないの？

そうだよね。私、細かい作業は得意だから、このうらないはまちがってるよ。

そもそも性格って何だろうね。

たしかに……言われてみれば、性格がいい悪いっていうけど、どういう人のことを「性格がいい」、「性格が悪い」っていうか分からないね。

うーん。みんなにも聞いてみたいね。

? 性格って何だと思いますか？

? いい性格とはどんな性格だと思いますか？

? 悪い性格とはどんな性格だと思いますか？

? ふつうの性格とはどんな性格だと思いますか？

- みんなの近くにいる「いいな」と思う人はどんな性格かな？
- こういう子はいやだなと思うのはどんな時かな？

まどか先生

先生から「いい性格って何だと思う？」って聞かれたら、れんは何て答える？

ゆい

れん

ぼくは「みんなと協力して何かできる人」って答えるよ。チームワークって大切だと思うから。

いい答えだね。私だったら「笑顔が多くて、明るい人」って答えるかな。明るい人の周りはいつも楽しいからね。

まどか先生からの
アドバイス

　みんなは自分の性格を知っているかな？明るい性格、暗い性格、おこりっぽい性格、やさしい性格、大ざっぱな性格、おおらかな性格、きちょうめんな性格、おっちょこちょいな性格などいろいろあるよね。

　みんなは今、どんな性格かな？どんな性格になりたい？でも、なかなか自分の性格って分からないよね。この本は、いろんなワークを通して自分の性格に気づいて、もっと自分のことが分かって、自分を好きになれることを目指しているよ。そこでまず性格とは何かを考えてもらったよ。

　では、次は本を読んでいる他のみんなからの質問です。あなたもいっしょに考えてみましょう。

みんなからの質問コーナーです。 あなたも考えて答えてみましょう。
（　）は、まどか先生の答えです。

質問 自分の性格を色で表すと何色だと思いますか？

（先生だったら青色かな。青色は落ち着いたイメージだから、そんな感じがするよ。）

質問 友達の性格を動物に例えると、どんな動物ですか？

（先生の友達は犬みたいだよ。いつも明るくて、だれとでも仲良くできるんだ。）

質問 自分の性格が音楽のジャンルだったら、何がいいですか？

（先生はクラシック音楽かな。時にはおだやかで、時にはドラマチックなところがすてきだよね。）

>>> いろいろな答えがあったよね。では最後にコグトレ先生からのアドバイスだよ。

ここの まとめ

コグトレ先生

性格は、その人の行動や感じ方、考え方に関係する特徴だと理解しましょう。その人がどんな状況でどのように反応するか、どんなことに興味を持つかを観察してみましょう。

でも性格はずっと同じではありません。場面によって変わったり、大人になるにつれて少しずつ変わってきたりします。人や自分の性格の変化にも注目してみましょう。あなたが、友達や家族といるときと、一人でいるときの性格を比べてみるのもいいですね。

➡次は、人の性格が場面によって変わることを知りましょう。

第1章　性格とは

ここで学ぶこと ▶▶▶ 性格は変わることを知る

出来事　久しぶりに会った友達（2週目）

>>> ゆいさんは、幼稚園のころの友達に久しぶりに会いました。その時のことを、れんさんに話しています。

「この間、公園で遊んでいたら、幼稚園のころの友達のアイ子さんにたまたま会ったんだ。」

ゆい

「へえ。それはよかったね。」

れん

「でも、アイ子さん、幼稚園のころはおとなしかったのに、この前に会ったときはとてもおしゃべりになってて、びっくりしちゃった。」

幼稚園のころのアイ子さん

小学4年生のアイ子さん

「幼稚園のころと性格が変わったんじゃない？」

「性格って変わるのかな？」

考えてみよう！

❓ 幼稚園のころのアイ子さんはどんな性格だったと思いますか？

❓ 今のアイ子さんはどんな性格だと思いますか？

❓ アイ子さんの性格は変わったと思いますか？

❓ あなたはどちらが本当のアイ子さんだと思いますか？

ヒント
- アイ子さんの性格が変わったなら、その理由は何だと思う？
- 性格の変化には、経験や環境の変化が関係しているかな？

まどか先生

れん

性格が変わるって不思議だよね。人って成長するにつれて、本当にいろんな面が出てくるんだね。

うん、人は経験によって変わるものだと思う。たとえば、新しい友達ができたり、新しい環境に入ったりすると。

ゆい

たしかに。昔はおとなしかった人が、いつの間にかリーダーになっていたりすることもあるもんね。

まどか先生からの**アドバイス**

性格について考えるとき、自分はこんな性格だからいやだなとか、相手に性格を直してほしいとか、思うことがあるよね。でも、性格はずっと同じわけではないから安心しよう。性格は年齢とともに変わっていくよ。みんなの性格もどう変わってきたかな。自分がなりたい性格に変わっていけばいいね。

では、次は本を読んでいる他のみんなからの質問です。あなたもいっしょに考えてみましょう。

みんなからの質問コーナーです。あなたも考えて答えてみましょう。（　）は、まどか先生の答えです。

質問 自分も小さいころと比べて性格が変わったと思いますか？

（小さいころはとても内気だったよ。でも、いろいろな経験を積んで、人と話すことがだんだん好きになってきたよ。）

質問 性格はどうしたら変えられると思いますか？

（先生は新しいことに挑戦することで、自信を持てるようになったよ。みんなも自分に合った方法を見つけてみよう。）

質問 性格が変わることはいいことだと思いますか？

（性格が変わることは成長の一部だと思うよ。先生は人との出会いや新しい経験を通じて、もっと広い視野を持つようになったと感じるよ。）

》》》 いろいろな答えがあったよね。では最後にコグトレ先生からのアドバイスだよ。

ここのまとめ

コグトレ先生

性格はずっと同じではありません。新しいことを学んだり、新しい友達ができたり、新しいことにチャレンジするうちに、少しずつ変わっていきます。

自分も友達も、今はこんな性格だけど、これからいろんな経験をすることで少しずつ変わっていくかもしれません。それが自然なことですから、今の自分や友達の性格も温かく見守っていきましょう。

➡次は、同じ人でも場面によっていろんな性格があることを知りましょう。

第1章　性格とは

ここで学ぶこと ▶▶▶ 性格は場面でも変わることを知る

出来事　友達の態度が変わる（3週目）

>>> 学校が終わって家に帰ってきたれんさんの表情がくもっていました。何かあったのでしょうか。ゆいさんが心配して聞きました。

れん、なんだか気分が良くなさそうだけど、何かあったの？
ゆい

さとるさんは、いつも意地悪ばっかりしてくるのに、先生の前ではいい子だから、ほめられてばっかりなんだ。
れん

さとる　　山本先生

それでいやな気持ちになったんだね。
私は友達とはよくしゃべるけど、先生とは緊張してうまく話せないときがあるよ。

ぼくは水泳のコーチがおこるとこわいから、いつもよりおとなしくしているよ。

だれと話すかとか、その時の自分の気分や体調によっても、性格って変わりそうだよね。

たしかに。いろんな自分がいるって不思議だね。

考えてみよう！

❓ 朝起きたときのあなたはどんな性格ですか？

❓ 学校に行って友達と遊んでいるときのあなたはどんな性格ですか？

❓ 学校で先生の前にいるときのあなたはどんな性格ですか？

- 仲のいい友達といるときと先生の前にいるとき、それぞれどんな気持ちになる？
- あなたは気分や体調で、態度が変わったりする？

まどか先生

れん

自分の気分や体調によってもちがう自分がいることに気づいたよ。

ゆい

そうそう。たとえば体調が悪い日は、みんなとあまり話したくなくなるけど、元気な日はちがうよね。

本当だよ。だから、自分の中にいろんな自分がいるのはふつうのことなんだって思えてきた。

まどか先生からの **アドバイス**

　人の性格はいつも同じではないよ。きげんのいいとき、きげんの悪いとき、うれしいとき、悲しいとき、おこっているとき、こわいとき、さびしいとき、身体が元気でないとき、病気のとき、緊張したときなど、その時の状況で人の性格は変わるよ。

　でもそれはふつうのことだよ。だから友達がいつもとちがうと思ったときは、何かあったのかなって考えてみよう。

　では、次は本を読んでいる他のみんなからの質問です。あなたもいっしょに考えてみましょう。

みんなからの質問コーナーです。あなたも考えて答えてみましょう。
（　）は、まどか先生の答えです。

質問 自分のどの面をもっと見せたいと思いますか？

（先生は自分の冒険好きな面をもっと見せたいと思うよ。いつもはひかえめにしているけど、新しいことにチャレンジするのが実は大好き。）

質問 自分が一番自然にふるまえるのはいつですか？

（先生が一番自然にふるまえるのは、家族や親しい友人といっしょにいるときかな。何も気にせずに本当の自分をさらけ出せるから、とてもリラックスできるんだ。）

質問 人前で話すとき、みんなはどんな自分になりますか？

（先生は、人前で話すときは、いつもよりもっと自信を持ってふるまおうと心がけているよ。）

>>> いろいろな答えがあったよね。では最後にコグトレ先生からのアドバイスだよ。

ここのまとめ

コグトレ先生

ここでは、自分にはさまざまな性格の「自分」がいることを学びました。先生の前の自分、家族の前の自分、友達といる自分など、それぞれが本当のみなさんの一部です。これらのちがいを理解して、認めることで、他の人との関係もよりよいものになります。自分の中のいろいろな「自分」を大切にして、そのすべてを楽しんでみましょう。

➡次は、他の人のいろんな性格を見ていきましょう。

第2章　他人の性格を知る

ここで学ぶこと ▶▶▶ 人の生活や性格を見て自分に気づく

出来事　友達の家での様子（起床）（4週目）

>>> れんさんとゆいさんは、家で話しています。

れん

そういえば、どうすれば自分の性格が分かるんだろう？

うーん。いきなり自分の性格っていわれても分からないから、まずは友達の性格を見て、自分と似てるなって思う人を探してみるのはどう？

ゆい

なるほど、もしかしたら自分とそっくりな人がいるかも！

そうそう！では、私の友達6人をしょうかいするね。
空さん、星さん、海さん、月さん、河さん、風さんだよ。

登場人物

ぼくの名前は空！
サッカーが大好き！

空

私は星！
習字が得意なの。
よろしくね！

星

ぼくの名前は海っていうんだ。最近はマンガにはまってます！

海

私の名前は月です！
しゅみはテレビを見ることです。

月

ぼくは河だよ。
アイスが大好き！
よろしく〜！

河

私は風。
休み時間はよくバスケットボールをしているよ。

風

れん

へえ。ゆいはいろんな友達がいるんだね。

ゆい

6人が自分とどんなところが似ているか、ちがっているかを考えてみない？

おもしろそう。まねをしたいところもたくさんあるかもね。

いいところは、見習うのもいいね。じゃあ6人みんなの一日をいっしょに見ていこう！

うん。

これから次の場面ごとに見ていくね。

家では、
・起床してから登校するまで

学校では、
・授業中
・授業以外
（休み時間、そうじや係活動）

放課後は、
・遊び
・習い事

家に帰ってからは、
・宿題や次の日の準備
・家の手伝い
・自由時間

という順ね。

みんなの一日

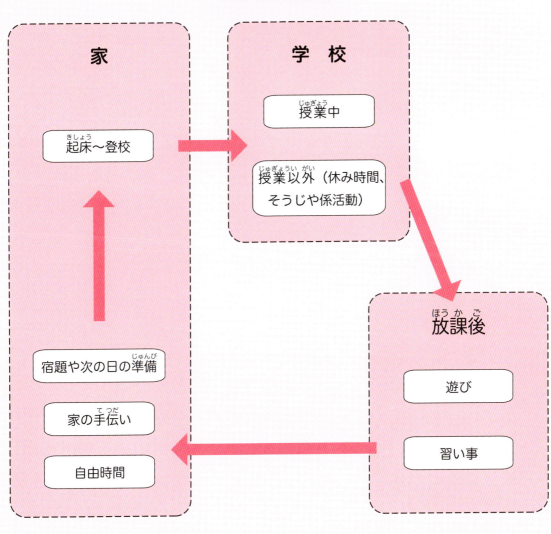

これならぼくと同じだ。

場面はだいたいみんな同じだと思うよ。
次は6人のそれぞれの場面を見ていくね。最初は家で起床してから登校するまでね。

起床〜登校

むにゃむにゃ……
あと5分だけねかせて……

空

たくさんねたからスッキリ！
忘れ物がないか、確認しようっと。

海

朝ごはんおいしかった〜！
今日の給食は何かな？

河

どうしよう、遅刻だ！なんでもっと早く起こしてくれないの〜！

ほし

昨日、友達とケンカしたから、学校に行くの気まずいな……

つき

早く学校に行って、みんなと遊ぶ約束なの。楽しみ！

ふう

起きてから学校に行くまで、みんないろいろちがうんだね。

れん

そうだよね。私もびっくりした。

ゆい

? あなたはだれに近いですか？友達に〇をつけて理由を書いてみましょう。

? あなたはだれがいいと思いますか？友達に◎をつけて理由を書いてみましょう。

空　　　海　　　河

星　　　月　　　風

ヒント

- 男の子、女の子がいるけど、性別は自分と同じでなくてもいいよ。
- いいなって思う人は、自分がなりたい人とはちがっていてもいいよ。

まどか先生

ゆい

まずは朝起きてから学校に行くまでだったけど、れんはどうだった？

れん

うーん。ぼく、朝は全然起きられないから、空さんに一番近いかな……ゆいは？

私は風さんに近いかな？朝から昨日のおにごっこの続きがやりたくて、楽しみなの！

朝起きられるの、うらやましいなあ……自分で起きられるようにならないと。

れんは夜ふかしをやめたらいいと思うよ。

どきっ……

　みなさんは、いつも朝どんなふうに起きて、学校に行っているかな。ねぼうしたり、学校に行くのがいやだったり、楽しみだったり、朝ごはんをあまり食べられなかったり、いろいろあるよね。また、その日によってちがうこともあるね。寒い日は朝起きるのがつらいし、かぜをひいたときは学校を休むときもあるね。みんなにはいろんな起床（きしょう）の仕方や、学校への行き方があることを知っておこう。

　では、次は本を読んでいる他のみんなからの質問（しつもん）です。あなたもいっしょに考えてみましょう。

みんなからの質問コーナーです。あなたも考えて答えてみましょう。
（　）は、まどか先生の答えです。

質問 朝、起きるのがつらいです。どうしたら起きられますか？

（早くねて、すいみん時間をとるのがいいかな。先生は8時間ねているよ。）

質問 朝ごはんが食べられないときはどうしたらいいですか？

（先生は、食欲がなくても飲み物だけでも飲んでいくよ。でないと力が出ないから。）

質問 学校に行きたくないときはどうしたらいいですか？

（先生も、ときどき学校に行きたくないときがあったよ。そんなときは学校での楽しみを探してたよ。）

>>> いろいろな答えがあったよね。では最後にコグトレ先生からのアドバイスだよ。

ここのまとめ

コグトレ先生

朝起きて、学校に行くまで、みんな同じように行動して、同じように考えているわけではないですね。ここでは、みんないろんな朝があって、いろんなことを考えているんだということを知っておくといいですね。

自分に近いなと思う人がいたら、あなたはその人と性格が似ているかもしれません。そうやって自分の性格にも気づいていきます。

➡次は、友達の学校での様子を見ていきましょう。

第2章　他人の性格を知る

ここで学ぶこと ▶▶▶ 人の生活や性格を見て自分に気づく

出来事　友達の学校での様子（5週目）

>>> れんさんとゆいさんは、人の性格について話し合っています。

れん

次は、みんなの学校での場面を見てみよう。

この前は、みんなが起きてから学校に行くまでの様子を知れてよかったよ。

ゆい

では、まず授業中の6人の様子を見てみよう。

それ、興味あるよ。みんな学校ではどう過ごしているのかな。

学校で（授業中）

なわとび大会、クラスで一番だったんだ。すごいでしょ！

空

海

ちぇっ、また音楽の時間に先生におこられちゃった。なんでぼくばっかり！

友達に消しゴムを貸してあげたよ。ありがとうって言われたんだ！

河

国語の音読、みんなにほめられちゃった！
次もがんばろう！

星(ほし)

月(つき)

あっ、体操服(たいそうわす)忘れてる！
こわいけど、ちゃんと先生に言いにいこう……

この計算、簡単(かんたん)だからもう終わっちゃった。らくがきして遊んでようっと。

風(ふう)

次に、授業以外(じゅぎょういがい)の6人の様子を見てみよう。

そうじや係活動とか、休み時間だね。

学校で（授業以外）

そうじの時間、ふざけてる男の子に注意したらケンカになっちゃった！
もう知らない！

星(ほし)

教室の花に水をあげる係になりたかったんだけど、友達(ともだち)にゆずってあげたよ！

月(つき)

休み時間は、よく男の子とサッカーをしてるよ。
運動大好き！

風(ふう)

? 授業中では、あなたはだれに近いですか？友達に〇をつけて理由を書いてみましょう。

```
―――――――――――――――――――――――――――――
```

? 授業中では、あなたはだれがいいと思いますか？友達に◎をつけて理由を書いてみましょう。

```
―――――――――――――――――――――――――――――
```

考えてみよう！

❓ 授業以外では、あなたはだれに近いですか？友達に〇をつけて理由を書いてみましょう。

_____

❓ 授業以外では、あなたはだれがいいと思いますか？友達に◎をつけて理由を書いてみましょう。

_____

 空（そら）　 海（かい）　 河（こう）

 星（ほし）　 月（つき）　 風（ふう）

- 自分に近いと思う人は、前と変わってもいいよ。
- いいと思う人は、いつも同じ人でなくてもいいよ。

まどか先生

れん

そうじをちゃんとしない人はいやだな……

ゆい

れんも星さんみたいに、いつもそうじをサボってる子とケンカしてるもんね。

だって、ぼくはまじめにやってるのにずるいよ。
ゆいはだれと近いと思った？

あ……そのことなんだけど……はい、これ。ごめん……

あっ！これ、なくしたと思ってた消しゴム！そういえば返してもらってなかった！

河さんを見てたら借りてたことを思い出して……
次からは気をつけるね。

いいよ、ぼくも今まで忘れちゃってたし！

えへへ、ありがとう……！

まどか先生からのアドバイス

みんないろんな出来事があって、喜んだり、おこったり、困ったりしているよね。授業中と授業以外でもちがうね。みんないろんなことがあって、いろんなことを考えているんだよ。あなたも、学校では他の人から見たら、この6人のだれかと同じように見えているかもしれないね。
では、次は本を読んでいる他のみんなからの質問です。あなたもいっしょに考えてみましょう。

40

みんなからの質問 コーナーです。あなたも考えて答えてみましょう。
（　）は、まどか先生の答えです。

質問 学校でほめられてうれしかったことは何ですか？

（先生から、君はそういうところがえらいね、って言われたときかな。）

質問 学校でしかられて悲しかったことは何ですか？

（先生からもらったイネの根をなくしてしまって、しかられたことかな。）

質問 学校での一番の思い出は何ですか？

（いっぱいありすぎて一番は分からないよ。）

>>> いろいろな答えがあったよね。では最後にコグトレ先生からのアドバイスだよ。

ここのまとめ

コグトレ先生

　ここのワークでは、学校でのみんなの様子を見て、自分と似ているところ、ちがうところを知ることで、自分はどんな人間なのかということに、少しでも気づいてもらえればと思います。
　また、こんな人になりたい、なりたくないというのもあれば、これからの自分の目標にしていきましょう。

➡次は、友達の学校が終わってからの様子を見ていきましょう。

第2章 他人の性格を知る

ここで学ぶこと ▶▶▶ 人の生活や性格を見て自分に気づく

出来事　友達の学校が終わってからの様子（6週目）

>>> 学校が終わって家に帰ると、ゆいさんが落ちこんでいます。れんさんは、心配になって声をかけました。

れん

「ゆい、すごく落ちこんでるみたいだけど、何かあったの？」

ゆい

「友達に放課後遊ぼうって言ってたんだけど、他の子と遊ぶからって断られちゃったの。私のこときらいになっちゃったのかな……」

「それは落ちこむね……でも、この間はゆいも他の子と遊ぶからって断ってたじゃん！」

「たしかに……
私って、きらわれてるってすぐに考えちゃうくせがあるのかも。」

「ぼくは逆かなあ。
何でもいいように考えて適当になっちゃうから。」

42

今日、れんは放課後はどうしてたの？

ぼくは、一人で公園で遊んでたら、友達が来て、それからいっしょに遊んだよ。それなら約束してなくてもいいもんね。

なるほど。
他の子たちは、学校が終わってから放課後や家でどう過ごしているのかな。
今度は友達の学校が終わってからの様子も見てみよう。

放課後

友達の家に遊びに行くんだ、宿題はあとでやるよ！

そら
空

あっ、学校に算数のノートを忘れてきちゃった……
取りにもどるのいやだなあ。

かい
海

水泳を習っているんだ。
50メートル泳げるよ！

こう
河

習字を習っているの。
よく字がきれいってほめられるんだ！

ほし

今日はねむいし、じゅくに行くのめんどくさいな……

つき

学校が終わったら公園で遊ぶよ。
明るいうちに帰らなきゃ！

ふう

習い事をしている子もいるんだね。

ゆい

ぼくはそれよりも遊びたいよ。
次は家に帰ってからの様子だね。

れん

家に帰って

明日忘れ物をしないように、持っていくものをランドセルに入れておこうかな。

空(そら)

宿題も終わったし、あとはねるだけ！
おやすみなさーい！

海(かい)

夜おそくまでゲームをしてたら、おこられちゃった。明日ちゃんと起きられるかな……

河(こう)

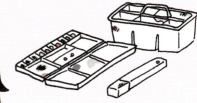

今日使った絵の具セット、お母さんに洗ってもらっちゃおうかな……

星（ほし）

毎日時間を決めてテレビを見てるよ。
お母さんとの約束（やくそく）なんだ！

月（つき）

歯みがきって、めんどくさいなあ……一日くらいしなくてもだいじょうぶかな？

風（ふう）

? 放課後では、あなたはだれに近いですか？友達に〇をつけて理由を書いてみましょう。

? 放課後では、あなたはだれがいいと思いますか？友達に◎をつけて理由を書いてみましょう。

考えてみよう！

❓ 家に帰ってからでは、あなたはだれに近いですか？友達に〇をつけて理由を書いてみましょう。

```
_____
```

❓ 家に帰ってからでは、あなたはだれがいいと思いますか？友達に◎をつけて理由を書いてみましょう。

```
_____
```

 空（そら） 海（かい） 河（こう）

 星（ほし） 月（つき） 風（ふう）

ヒント
- 自分に近いと思う人は、前と変わってもいいよ。
- いいと思う人は、いつも同じ人でなくてもいいよ。

まどか先生

49

ゆい

れんは昨日は、家でお手伝いの日だったよね。

れん

そうそう。週に1回のお手伝いの日だったから、そうじもしたし、お皿洗いのお手伝いもしたよ。

れんは昨日、がんばっていたね！

うん。今日はゆいの日だよ。

あっ！そうだった。見たいテレビがあるのに。
れん、代わってくれる？

いやだよ。ぼくもテレビ見たいから。

まどか先生からのアドバイス

　放課後や家では、学校とはちがう様子の子たちもいるよね。いろんな性格があって、場所や状況によって、性格は変わるよね。学校や放課後はがんばっているけど、家に帰るとあまえんぼうになったりするよね。みんなはどうかな？
　では、次は本を読んでいる他のみんなからの質問です。あなたもいっしょに考えてみましょう。

みんなからの 質問 コーナーです。 あなたも考えて答えてみましょう。
（　　）は、まどか先生の答えです。

質問 放課後は何をしていますか？

（先生は、じゅくとピアノと水泳に行っていたよ。）

質問 家に帰ったら何をしていますか？

（テレビを見たり、好きな動画を見たりしてるかな。）

質問 家でお手伝いしていますか？

（先生は子どものころ、おふろそうじのお手伝いをしてたよ。）

>>> いろいろな答えがあったよね。では最後にコグトレ先生からのアドバイスだよ。

コグトレ先生

ここの まとめ

　ここでは、学校が終わってからのみんなの過ごし方の例を示しました。みんなの過ごし方を見て、あなたはどのタイプに近いと思ったでしょうか。
　ところで放課後や家で、自分が楽しいことがないと、他のみんなはどんなふうに過ごしているのか、とても気になるかもしれません。でも、みんな意外と、あなたと同じようにふつうに過ごしているかもしれません。
　自分の生活ってみんなと比べてどうか（みんなと同じだ、みんなとはちがう、同じところもあれば、ちがうところもある、など）を感じてもらえればと思います。

➡次は、みんなの困ったときの解決方法を見て自分と比べてみましょう。

第2章　他人の性格を知る

ここで学ぶこと ▶▶▶ みんなの困ったときの解決方法を見て自分に気づく

出来事　こんなときどうする？円卓会議（7週目）

>>> れんさんとゆいさんは家にいます。今日は、れんさんの元気がありません。ゆいさんが心配しています。

れん、元気がないけどどうしたの？

ゆい

なやみごとがあって……

れん

何？話してみて。解決するかもしれないよ。

あのね。友達とケンカしたの。どうしたらいいかな？

そっか。それは困ったね。ではそんなとき、みんなはどうしてるか、聞いてみようか。

うん。聞いてみたい。

6人がいろんななやみごとについて、円卓会議っていうのをやっているから、いっしょに参加してみよう。

丸いテーブルをみんなで囲んで話し合うんだね。参考になりそう！

>>> 困ったことがあって、どうすればいいか、みんなで話し合っています。

円卓会議1

話し合いのテーマ：友達とケンカしちゃったら、どうする？

だれかに相談しようかな……

月(つき)

「ごめんね」って言う！

空(そら)

あっちから謝(あやま)ってほしい！

星(ほし)

河(こう)「おかしをあげて仲直りだ！」

風(ふう)「遊びにさそおう！」

海(かい)「気まずくて無視しちゃうなあ……」

考えてみよう！ あなたならだれの意見がいいですか？理由も書きましょう。

あなた

ぼく・私は（　　　）さんの意見がいいな。
だって、
_____
_____
　　　　　　　　　　　　　　　だもん！

>>> 困ったことがあって、どうすればいいか、みんなで話し合っています。

円卓会議2

話し合いのテーマ：おかしが一つだけ足りなくなっちゃった！
……どうする？

「私がガマンするよ！」

月

「自分のは
だれにもあげたくないなあ。」

空

「じゃんけんで決めようよ！」

星

こう
河

「もう一つお母さんに買ってもらおう！」

ふう
風

「一人だけ食べられないのはかわいそう！みんなでガマンする？」

かい
海

「ぼくのを半分こしてあげるよ！」

考えてみよう！

あなたならだれの意見がいいですか？理由も書きましょう。

あなた

ぼく・私は（　　　）さんの意見がいいな。
だって、
_____
_____
　　　　　　　　　　　　　　　　　　　だもん！

>>> 困ったことがあって、どうすればいいか、みんなで話し合っています。

円卓会議3

話し合いのテーマ：友達から借りたマンガにジュースを
こぼしちゃった！どうしよう？

妹がやったことに
しようかな……

月

気まずいから
学校休もう……

空

新しいのを買って
返そう……

星

河(こう)「正直に謝ろう！」

風(ふう)「だまってたらバレないよ！」

海(かい)「早くかわかさなきゃ！」

あなたならだれの意見がいいですか？理由も書きましょう。

あなた

ぼく・私(わたし)は（　　　）さんの意見がいいな。
だって、
_____
_____
　　　　　　　　　　　　　　　　だもん！

- 自分と考えが近い人はいますか？
- 自分の考えよりももっといいアイデアはありましたか？

まどか先生

一つの問題でも、ここまでみんながちがう考えを持っているんだね。

ゆい

れん

ぼくはおかしをゆずるなんて絶対いやだけどね。

私もみんなでガマンするより、じゃんけんがいいと思う。

でも、こうやって話し合ってみると、他の人と自分のちがうところや似ているところがたくさん見つかっておもしろいね。

うん。今までは何で友達とケンカしちゃうんだろうって思ってたけど、みんなそれぞれいろんな考えを持っているからなんだね。

これから何か問題が起こってしまったときは、自分や友達のことをよく考えてから行動したいな。

まどか先生からのアドバイス

　だれでも困ることがあるよね。そんなとき、みんなはどんなふうに思うか、どんなふうに行動するかはいろいろだね。いろんな人がいていろんな考え方があるんだね。みんなはどの人に近かったかな？でも、その人は、これまで見てきた家での様子と学校や放課後の様子も同じだったかな？
　では、次は本を読んでいる他のみんなからの質問です。あなたもいっしょに考えてみましょう。

みんなからの質問コーナーです。　あなたも考えて答えてみましょう。
（　）は、まどか先生の答えです。

質問 友達から、自分だけ遊ぶのにさそわれなかったらどうしたらいいですか？

（次は自分から遊ぶ計画をしてみんなをさそったらいいかもしれないね。）

質問 自分だけおかしがもらえなかったときはどうしたらいいですか？

（あれ？ 私だけないんだけど？って大声で言うかな。）

質問 友達から借りた本をなくしたらどうしたらいいですか？

（親にたのんで新しい本を買って返すのがいいかな。）

>>> いろいろな答えがあったよね。では最後にコグトレ先生からのアドバイスだよ。

ここのまとめ

コグトレ先生

　ここでは、困ったことがあったとき、他の人はどう解決するかを見ることで、みんなの考え方を知っていきます。そしてその中で、自分に近い考え方やちがう考え方を見つけ、自分が今、どんな考え方をしているのかに気づいてもらいます。これも自分の性格を知る上で大切なことです。

➡次は、将来の自分について考えましょう。

61

第3章　未来の自分を想像する

ここで学ぶこと ▶▶▶ 未来の自分にメッセージを送ることで今の自分に気づく

出来事　時間差日記を書いてみる（8週目）

>>> 学校の休み時間に、れんさんとたけるさんが休日にあった出来事について話しています。

れん

この前、家で大そうじをしていたら、昔の手紙が出てきたよ。

たける

だれからの手紙だったの？

それが、ぼくからの手紙だった。

そんなわけないでしょ！
幼稚園の時に書いたんだ。小学生になったら、友達100人できますようにって書いてた。

へっ！？どういうこと！？
タイムワープ！？

へえ。未来の自分に手紙かあ。おもしろそう。
その手紙にまた自分から返事を書くのもいいね。

それもおもしろいね。
よし、1週間後の未来の自分に手紙を書いて、1週間経ったら、1週間前の自分に返事を書いてみようかな。
まさに時間差日記だね。

いいね。ぼくもやってみよう。目標などを入れるといいかもね。

考えてみよう！

〈時間差日記〉
1週間後の未来の自分に手紙（目標など）を書いてみましょう。そして1週間経ったら、1週間前の自分に返事を書きましょう。これを何回か続けてみましょう。（コピーして使ってね）

未来）1週間後のぼく・私へ（　　　年　　月　　日）
（目標など）

今）1週間前のぼく・私へ（　　　年　　月　　日）

- 未来の自分にどんなアドバイスを送りたい？
- 今の自分と未来の自分を比べてどうなっていたい？

まどか先生

たける

ねえ、れんさん、1週間後の自分に何を書いた？

宿題をちゃんと計画的にやるようにって書いたよ。最近ちょっとサボり気味だったからね。

れん

いいね！ぼくはサッカーの練習をもっとがんばろうって書いたよ。来週の今ごろには、サッカーの試合があるからゴールを決めたいな。

まどか先生からの**アドバイス**

　未来の自分への手紙を書くときは、今の自分の夢や希望、そして今がんばっていることを思いうかべてみよう。将来達成したい目標や、これから学びたいこと、経験したいことを手紙に書き記して、未来の自分へのメッセージとして伝えよう。この手紙は、未来のあなたがどれだけ成長したかを見るための宝物になるよ。心をこめて、自分へのエールを送ってみよう。
　では、次は本を読んでいる他のみんなからの質問です。あなたもいっしょに考えてみましょう。

みんなからの質問コーナーです。 あなたも考えて答えてみましょう。
（　）は、まどか先生の答えです。

質問 もし手紙に書いた目標を達成できなかったらどうしたらいいですか？

（目標を達成できないこともあるけど、それは決して失敗じゃないよ。）

質問 手紙に書いたことを実現するために、今から始めるべきことは何だと思いますか？

（毎日、少しずつでもいいので、その夢に向かって何か行動をするようにするといいと思います。）

質問 未来の自分が手紙を見つけたとき、どんな気持ちになったらいいと思いますか？

（先生は、未来の自分がその手紙を見つけたとき、どんな道を歩んだにせよ、その時点での自分にほこりを持っていてほしいと思います。）

>>> いろいろな答えがあったよね。では最後にコグトレ先生からのアドバイスだよ。

ここのまとめ

コグトレ先生

　未来の自分に目標などをふくめたメッセージを送ることで、自分がこれからどうなるかを予想します。そして時間が経って、そのメッセージを受け取ってみて、その予想が当たっていたかを見ます。すると、いつも自分がどんなことを目標としていて、それがどれくらい実現しているかが分かります。その目標を書いた過去の自分に返事を書いてみると、自分がどんな性格か少しずつ分かってくるでしょう。

➡次は、未来の自分からメッセージをもらうことで今の自分に気づきましょう。

第3章 未来の自分を想像する

ここで学ぶこと ▶▶▶ 未来の自分からメッセージをもらうことで今の自分に気づく

出来事　未来の自分からのメッセージ（9週目）

>>> ゆいさんとれんさんは未来について話しています。

最近、メールしてる？

ゆい

うん、毎日やってるよ。

れん

私も。では、もし未来の自分からメールが来たらどうする？

え……そんなわけないじゃん……でも、もし来たらおもしろいね。

ねえ、未来の自分からメールが来たらどんな内容が書かれているかを考えてみない？

おもしろそう。やってみる！

考えて みよう!

❓ もしも1週間後の未来の自分からメールが来たら、何て書いていると思いますか？

❓ そのメッセージに何と返しますか？

❓ もしも1年後の未来の自分からメールが来たら、何て書いていると思いますか？

❓ そのメッセージに何と返しますか？

❓ もしも10年後の未来の自分からメールが来たら、何て書いていると思いますか？

❓ そのメッセージに何と返しますか？

- 少しでも具体的なことを想像して書いてみましょう。
- 将来は何になりたい？どんな夢がある？

まどか先生

難しいね。10年先のことまで想像できないよ。

れん

そうだよね。何を考えてた？

ゆい

うん、未来の自分って何してるのかなって。ゆいは？

10年後は人気歌手になって芸能界デビューしてるよって書いた！

それは……がんばらないとね。

まどか先生からのアドバイス

　自分の将来を考えるとき、実は今の自分がとても大切なんだよ。ほとんどの人は、将来幸せになりたいと思っているから、未来の自分はきっと幸せだと想像するよね。だからこそ、今の自分のことをよく考えてみることが、すごく重要なんだ。今できること、今大切にしていることが、未来の幸せへの第一歩なんだよ。
　では、次は本を読んでいる他のみんなからの質問です。あなたもいっしょに考えてみましょう。

みんなからの質問コーナーです。あなたも考えて答えてみましょう。
（　）は、まどか先生の答えです。

質問 未来の自分は、今の自分をどう思っていると思いますか？

（未来の先生は、今の自分が一生懸命がんばっていることをきっとほこりに思っていると思うよ。）

質問 将来、友達はどうなっていると思いますか？

（友達もあなたと同じように成長して、それぞれすてきな未来を歩んでいると思うよ。）

質問 未来の自分が、今の自分にできることは何だと思いますか？

（先生だったら、未来の自分が「毎日の小さな発見を大切にすること」を教えてくれたらうれしいな。）

>>> いろいろな答えがあったよね。では最後にコグトレ先生からのアドバイスだよ。

ここのまとめ

コグトレ先生

　未来の自分からメッセージをもらうことは、今の自分を遠くで見つめて、自分をはげましたり、安心させたりしているのと同じです。そうやって自分を客観的に見つめることで、今の自分の姿が分かってくるでしょう。

➡次は、将来の夢を考えることで今の自分に気づきましょう。

第3章 未来の自分を想像する

ここで学ぶこと ▶▶▶ 将来の夢を考えることで今の自分に気づく

出来事 夢ワーク（なりたい自分）（10週目）

>>> ゆいさんとれんさんは将来の夢について話しています。

ゆい

「れんの将来の夢って何？」

れん

「ぼくは警察官かな。悪いやつをつかまえるの。ゆいは？」

「かっこいいね。私は、保育士さん。小さい子が好きだもん。」

「うんうん。ゆいはみんなにやさしいし、すてきな保育士さんになってそうだね。」

「でも幼稚園のころは、パティシエになりたかったよ。大好きなケーキを毎日作れるってすごくすてきでしょう。」

「ゆいはケーキが大好きだもんね。ぼくはずっと警察官。みんなは今どんな夢があるのかな？以前の夢は今とちがっていたのかな？」

70

考えてみよう！

？ あなたは以前、どんな夢がありましたか？

？ なぜその夢だったのか教えてください。

？ あなたは今、どんな夢がありますか？

？ なぜその夢なのか教えてください。

？ 将来、どんなふうになりたいですか？

仕事は？：

欲しいものは？：

性格は？：

- 将来、どんなことをしている自分を見てみたい？
- 好きなことや得意なことを生かして、将来何ができると思う？

まどか先生

れんはずっと警察官になりたいって言ってるけど、何がきっかけだったの？

ゆい

うん、小さいころに警察署の見学に行ったことがあって、その時のかっこよさが忘れられないんだ。

れん

そうだったんだね！れんなら絶対にすてきな警察官になれるよ。

まどか先生からの
アドバイス

　将来の夢について考えるときは、自分が本当に好きなことや、心から興奮することに注目してみよう。もし魔法を使えたら、どんなことをしたい？将来どんな大人になりたいか、どんなことをしている自分になりたいかを想像してみて。夢は大きくても小さくてもいいんだよ。夢を持つことで、未来への一歩をふみ出す勇気がわいてくるからね。
　では、次は本を読んでいる他のみんなからの質問です。あなたもいっしょに考えてみましょう。

みんなからの質問コーナーです。あなたも考えて答えてみましょう。（　）は、まどか先生の答えです。

質問 もし夢が途中で変わったらどうしますか？

（先生も小さいころの夢は何度か変わったよ。その時その時で、自分が本当にやりたいことを見つけて追い求めることかな。）

質問 夢をかなえるために今できることは何ですか？

（毎日少しずつその夢に関することを学ぶことだね。）

質問 自分の夢に自信が持てないときはどうしたらいいですか？

（自分の夢に自信が持てなくなったときは、先生は過去に挑戦してきたことを思い出すよ。小さな成功もふくめてね。それが、自信を取りもどすきっかけになるんだ。）

>>> いろいろな答えがあったよね。では最後にコグトレ先生からのアドバイスだよ。

ここのまとめ

コグトレ先生

　将来の夢を考えることで、自分が今、どんなことに興味があるかを知ることができます。たとえば将来の夢が、野球選手なら、野球に興味がありますし、お金持ちなら、お金に興味があるのでしょう。そうやって自分の興味があることを知ることで、知らなかった自分に気づくことができるでしょう。

➡次は、過去の自分について考えてみましょう。

第4章　過去の自分を知る

ここで学ぶこと ▶▶▶ 過去の自分マップを作って自分に気づく

> 出来事　人生山あり谷ありマップを描く（11週目）

>>> ゆいさんは家で、図書室で借りた徳川家康のマンガを読んでいます。

徳川家康って、波乱万丈な人生だったんだね……

ゆい

れん

波乱万丈って？

よかったことと悪かったことの波が激しいこと。

じゃあぼくも波乱万丈の学校生活だったなあ。

いつもいいことばかりじゃないものね。でもその分、いいこともあったんじゃない？

うん。たしかにいろんなことがあったな。

今までどんなよかったことや悪かったことがあったのか思い出して、人生山あり谷ありマップを作ってみようか。

おもしろそう！

縦軸の上によかったこと、下に悪かったこと、横軸の左端が昔で、右端が今ね。それでまず曲線を引いて、それから山と谷のところには何があったのかを書くの。

じゃあ、1学期の最初から、今までのことを書いてみるよ。

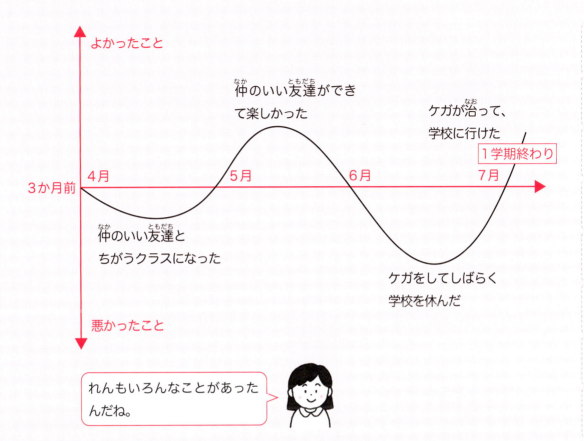

れんもいろんなことがあったんだね。

ほんと波乱万丈だったよ。

でもこうやってふり返ってみると、自分がどんな人間か分かってきた？

そうだね。捨てたもんじゃないね。

考えてみよう！ みんなも過去のことをふり返って、次の4つの人生山あり谷ありマップを描いてみましょう。

〈生まれてから今までの自分〉

よかったこと

誕生　　　　　　　　　　　　　　　　　　　　　　　現在

悪かったこと

〈1年前から今までの自分〉

よかったこと

1年前　　　　　　　　　　　　　　　　　　　　　　現在

悪かったこと

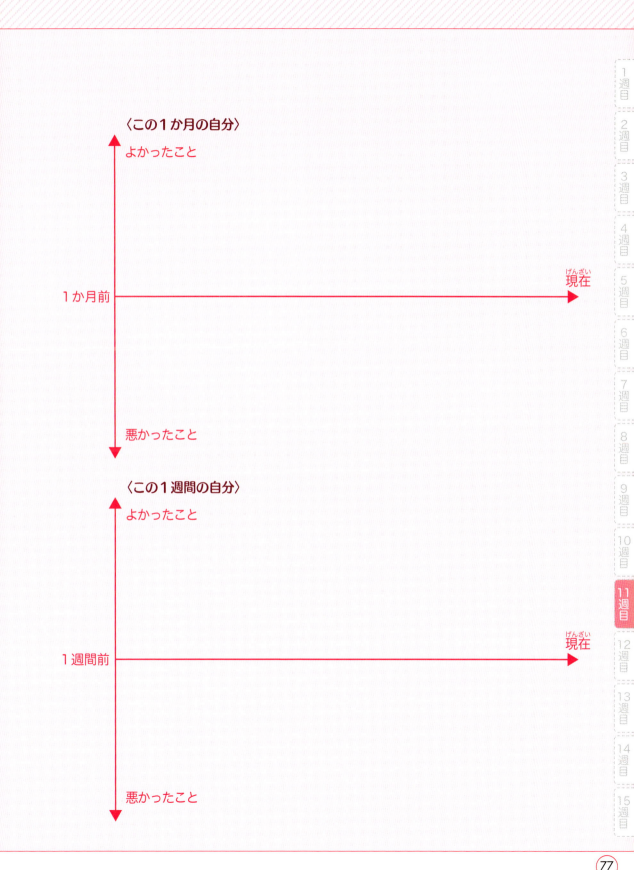

まどか先生

- これまでの人生で最も幸せだと感じた瞬間はいつ？
- 一番つらかった出来事はどんなこと？

れん

ところで、ゆいはこれまでの人生で一番幸せだった瞬間は何だった？

ゆい

家族で海外旅行に行った時かな。みんなで楽しい時間を過ごせたのがすごく幸せだったよ。

たしかに！ぼくはサッカーの試合で初めてゴールを決めた時だな。みんなにほめられて、すごくうれしかった！

まどか先生からの **アドバイス**

　人生山あり谷ありマップを完成させたら、一度自分のマップをじっくり見てみよう。それぞれの「山」や「谷」があなたの成長にどう影響してきたかを考えてみて。このマップを通して自分自身をふり返ることで、これまでの経験がどんなに価値があるかが見えてくるよ。もし気が向いたら、家族や友達にも自分のマップを見せて、その経験について話してみるのもいいかもしれないね。

　では、次は本を読んでいる他のみんなからの質問です。あなたもいっしょに考えてみましょう。

78

みんなからの質問コーナーです。あなたも考えて答えてみましょう。（　）は、まどか先生の答えです。

質問 これまでの人生で経験した「谷」から、どんなことを学びましたか？

> （困難な時期はつらかったけど、そこから「自分には乗りこえられないことはない」ということを学んだよ。）

質問 将来のマップにどんな「山」を描きたいですか？そのために今何をすべきだと思いますか？

> （将来はもっと教育の分野で活躍したいね。そのためには、今からさらに学び続けて、自分の知識とスキルを深めていく必要があるよ。）

質問 人生のマップを作ってみて、自分の性格や行動にどんなパターンがあると思いますか？

> （先生は失敗をおそれずに新しいことに挑戦する傾向があることに気づいたよ。）

>>> いろいろな答えがあったよね。では最後にコグトレ先生からのアドバイスだよ。

ここのまとめ

　人生山あり谷ありマップを描くことで、自分のこれまでの生活を客観的に見直すことができます。それだけではありません。時間をおいて、生まれてから今までのマップをもう一度描いてみましょう。前に描いた山や谷が消えていたり、新しい山や谷ができていたりすることもあります。それはみなさんの出来事への感じ方が変わったからです。そしてそれはみなさんの成長の証でもあります。

➡次は、過去の自分に気づくワークです。

第4章　過去の自分を知る

ここで学ぶこと ▶▶▶ 過去の自分とメッセージをやり取りして自分に気づく

出来事　過去の自分にメールをしよう（12週目）

>>> れんさんとゆいさんは、通っていた幼稚園の卒園アルバムをいっしょに見ています。

れん

「この写真のゆい、泣いてるね。」

「うん、さとみちゃんにおもちゃを取られて泣いてたの。ほんとは、ずっとおもちゃを使ってたのは私だったんだけど……」

ゆい

「この写真のゆいにもしメールを送れるとしたら、何て書く？」

「「ひとりじめはだめだよ」って、メールで教えてあげたいな。」

「そしたら、昔のゆいから何て返ってくると思う？」

考えてみよう！

❓ 5年前の自分にメールをしてみましょう。

❓ 何て返ってくると思いますか？

❓ 1年前の自分にメールをしてみましょう。

❓ 何て返ってくると思いますか？

❓ 1か月前の自分にメールをしてみましょう。

❓ 何て返ってくると思いますか？

❓ 1週間前の自分にメールをしてみましょう。

❓ 何て返ってくると思いますか？

- 過去にもどれるとしたら、小さな自分に何を教えてあげたい？
- 子どものころの自分が今のあなたに伝えたいことは何だと思う？

まどか先生

昔の私からは、「やだ、もっとあそびたいのに」って返ってきそう。

ゆい

れん
昔のゆいは、わがままだったもんね。

そうだったね。今は少し成長したかな。
まだ泣き虫だけど。

まどか先生からのアドバイス

過去の自分とやり取りするときは、自分が小さかったころを思い出してみよう。あのころの自分に会えたら、何を話したい？友達のこと、学校のこと、楽しかった遊びや少し悲しかったこと。あのころの自分に今のあなたが勇気づける言葉やアドバイスがあるかな？それをやさしく、楽しく伝えるようにしてみよう。自分を大切にする心が育つよ。

では、次は本を読んでいる他のみんなからの質問です。あなたもいっしょに考えてみましょう。

みんなからの質問コーナーです。あなたも考えて答えてみましょう。
（　）は、まどか先生の答えです。

質問 過去の自分に何をアドバイスしたらいいですか？

（もっと今を楽しむこと。未来のことでなやむより、今できることに集中してね。）

質問 過去の自分に送るメールで、一番伝えたいことは何ですか？

（自分自身と周りの人たちを大切にすること。人間関係は人生で最も価値ある宝物だから。）

質問 このワークで自分の過去をふり返って、どう感じましたか？

（過去の自分に感謝しているよ。その時の選択が今の自分を作ってくれたから。）

>>> いろいろな答えがあったよね。では最後にコグトレ先生からのアドバイスだよ。

ここのまとめ

コグトレ先生

　過去の自分をふり返ることで、過去と比べて今の自分がどう変わったかに気づいたことでしょう。そして今の自分のこともだいぶ分かってきたことと思います。これまでがんばってきた自分をほめてあげましょう。
　今の自分を知るために、ここまで、他の人の性格、未来の自分と過去の自分について考えてもらいました。もうかなり自分のことが分かってきたのではないでしょうか。次の章では、今の自分についてしっかり考えていきます。

➡次は、今の自分を見ていきましょう。

第5章　今の自分を知ろう

ここで学ぶこと ▶▶▶ 知らない自分に気づく

出来事　人から言われた言葉（13週目）

>>> ゆいさんとあいみさんは学校が終わった後、放課後遊ぶ約束をして家に帰りました。家に帰るとすぐにあいみさんからメールがきました。

あいみ

ゆいさん、もう用意できた？

ちょっと待って、今家に帰ったところ。そんなに早く用意できないよ。

ゆい

早くね、いつもの三角公園で待ってる。

>>> ゆいさんは急いで支度をして三角公園へ向かいました。

ゆいさん、おそいよ。待ちくたびれちゃった。

あいみさんは「せっかち」なのよ。いつも早すぎるくらい。

せっかち？私が？自分では思ったことないよ。

他の人に言われて初めて気づくことってあるよね。

それでいうと、ゆいさんは「泣き虫」ね。

それは自分でも分かってるから言わないで！

あなたが人から言われた言葉を書いてみましょう。
次に、どうしてそれを言われたと思うかを書いてみましょう。

〈家で〉

お父さんから

と言われた。

言われた理由は

と思う。

お母さんから

と言われた。

言われた理由は

と思う。

きょうだいから

と言われた。

言われた理由は

と思う。

〈学校で〉

友達（ともだち）から

と言われた。

言われた理由は

と思う。

先生から

と言われた。

言われた理由は

と思う。

- 友達や家族があなたによく使う言葉を思い出してみよう。
- 楽しいときとそうでないとき、自分はどうふるまうか思い出してみよう。

まどか先生

>>> ゆいさんとあいみさんは、知らない自分に気づくためのワークをやってみました。

ゆい

あいみさん、せっかちだって自分で気づいていなかったけど、今はどう思う？

ワークを通して考えてみたら、本当にそうかもしれないって思い始めたよ。

あいみ

でも、そのせっかちなところが、あいみさんを元気で活動的にしている秘密かもしれないよ。

そうかもしれない。せっかちがいつも悪いということではないかもしれないね。

まどか先生からの
アドバイス

みんなからどう思われているか、気になるね。自分ではふつうと思っていてもそうでないことがあって、周りから言われて初めて気づくことがあるよね。言われてショックだったり、逆にうれしくなったりすることもあるよね。でも気にしすぎると、しんどくなるから参考にするくらいでいいよ。
　では、次は本を読んでいる他のみんなからの質問です。あなたもいっしょに考えてみましょう。

みんなからの質問コーナーです。 あなたも考えて答えてみましょう。（　）は、まどか先生の答えです。

質問 家族や学校で言われた性格と自分が思っていた性格がちがうことがあるけど、どうしてでしょうか？

（先生は、家族の前だと安心してリラックスしているから性格が変わるのかなと思っているよ。）

質問 家族や友達に言われた性格の言葉をどう思いますか？納得できますか？

（しっかり者だねと言われたときはびっくりしたけど、たしかにそうかもしれないと思ったよ。）

質問 他の人から見た自分と自分が思っている自分がちがうのはなぜですか？

（みんなちがう角度からあなたを見ていて、いろいろな「自分」があるからかもしれません。）

≫ いろいろな答えがあったよね。では最後にコグトレ先生からのアドバイスだよ。

ここのまとめ

コグトレ先生

　自分のことは自分ではなかなか分かりません。そこで周りのだれかから言われた言葉をヒントに自分のことを知るワークをやってもらいました。また、みんなから思われている性格と自分の本当の性格が同じか、ちがうかも考えてみましょう。たとえば、みんなから「やさしい」と言われたら、本当にそうかを考えてみましょう。ちがうとしたらその理由も考えてみましょう。

➡次は、自分の性格について考えてみましょう。

第5章　今の自分を知ろう

ここで学ぶこと ▶▶▶ 今の自分を知る

出来事　自分がどんな性格かを考える（14週目）

>>> 学校の道徳の時間で、ゆいさんたちは自分の性格について考えています。

ゆい

田中先生

うーん。私は心配性かな。

今日は"自分を知る"時間です。下のカードから、自分の性格に当てはまる言葉を選んでみましょう。

心配性だと思う理由は、忘れ物がないか心配で確認しすぎて学校に遅刻しそうになっちゃったことがあったからかな。

選んだら、その理由も書いてみましょう。

やさしい	温かい	はずかしがりや	こわがり	明るい
心配性	おだやか	親切	暗い	正直
……	……	……	……	……

ええ。裏の性格かあ。ケチかな……

できたら、今度は、人に知られたくない自分の裏の性格に当てはまる言葉を選んでみましょう。

ケチだと思う理由は、おやつのチョコレートをひとりじめしたくなるからかな。

選んだら、その理由も書いてみましょう。

? 自分の性格に当てはまると思う言葉に○をつけましょう。
なければ、その他（　　　　）に自分の性格を表す言葉を書きましょう。

| 明るい、おだやか、やさしい、がまんづよい、温かい、めんどう見がいい、 |
| 他人思い、親切、正直、謙虚、意地悪、まじめ、いい子、心配性、短気、暗い、 |
| くよくよする、泣き虫、おこりんぼう、あわてもの、せっかち、冷たい、 |
| 自己中、うそつき、みえをはる、すぐ自慢する、ケチ、なまけもの、 |
| はずかしがりや、乱暴、二重人格、悪い子、その他（　　　　） |

? どうしてそれを選んだのか、理由を書いてみましょう。

? 自分裏の性格に当てはまると思う言葉に○をつけましょう。
なければ、その他（　　　　）に自分の裏の性格を表す言葉を書きましょう。

| 明るい、おだやか、やさしい、がまんづよい、温かい、めんどう見がいい、 |
| 他人思い、親切、正直、謙虚、意地悪、まじめ、いい子、心配性、短気、暗い、 |
| くよくよする、泣き虫、おこりんぼう、あわてもの、せっかち、冷たい、 |
| 自己中、うそつき、みえをはる、すぐ自慢する、ケチ、なまけもの、 |
| はずかしがりや、乱暴、二重人格、悪い子、その他（　　　　） |

? どうしてそれを選んだのか、理由を書いてみましょう。

- 友達や先生からよくほめられることは何？
- 家族はあなたのどんなところを好きだと言ってくれる？
- 人には知られたくない自分の性格はどんなものかな？どちらが本当の自分かな？

まどか先生

>>> ゆいさんは家でれんさんと、今日、学校であったことを話しています。

れん

それで、ゆいは、学校ではどんな言葉を選んだの？

ゆい

友達からは「やさしい」ってよく言われるから、その言葉を選んだよ。いつもみんなのことを考えてあげられるようにしてるもん。

なるほどね。ぼくなら先生から「明るい」って言われることが多いから、それを選ぶかな。クラスを盛り上げるのが好きなんだ。

れんの裏の性格は、「うそつき」ね。

ひどい！ゆいの裏の性格は「意地悪」だね。

まどか先生からの **アドバイス**

自分にぴったりな言葉を選ぶときは、日々の小さな瞬間に注目してみよう。楽しいと感じる遊び、夢中になれるしゅみ、心がおどるような体験がヒントになるよ。また、友達や家族といるときに幸せを感じる瞬間も大切な手がかりになるね。これらのことから、自分が大切にしていることや、ワクワクすることが見えてくるかもしれないよ。

裏の性格はみんな持っているから、状況に応じてうまく使い分けるといいよ。

では、次は本を読んでいる他のみんなからの質問です。あなたもいっしょに考えてみましょう。

90

みんなからの質問コーナーです。あなたも考えて答えてみましょう。（　）は、まどか先生の答えです。

質問 裏の性格を持っているって悪いことですか？

（全く悪いことではないよ。人間はだれでも多面的で、いろいろな面を持っているよ。）

質問 自分が選んだ性格が他の人から見た自分とちがっていたら、どういう意味がありますか？

（人それぞれちがう側面を持っているから、ちがいがあってもだいじょうぶだよ。）

質問 もし裏の性格を改善したいと思ったら、どうすればいいですか？

（まずはその性格を受け入れて、なぜそうなるのか考えてみよう。改善したい部分があれば、少しずつ変えていけるよ。）

>>> いろいろな答えがあったよね。では最後にコグトレ先生からのアドバイスだよ。

ここのまとめ

コグトレ先生

このワークをするとき、まず心を落ち着けて、自分自身に正直になってみましょう。過去の出来事や毎日の生活をふり返り、どの言葉が自分を最もよく表しているかを考えてみます。人から見た自分と自分が感じる自分の両方を考えてみるといいでしょう。選んだ言葉について、その理由を具体的に書くことで、自分のことを深く知るきっかけになります。

➡次は、自分のワクワクすることについて考えてみましょう。

第5章　今の自分を知ろう

ここで学ぶこと ▶▶▶ 自分の好きなことに気づく

出来事　自分のワクワク感を考える（15週目）

>>> 学校の休み時間。今日は一日中、ゆいさんはいつもより楽しそうです。ゆいさんに、友達のさえこさんが話しかけてきました。

さえこ

「ゆいさん、今日は一日中楽しそうだね。何かあった？」

ゆい

「う〜ん、どうでしょう。」

「あ、分かった！明日遊園地に行くからでしょ！」

「正解！スリリングなアトラクションが大好きだから、今からワクワクしちゃう！」

「いいなあ〜。私もワクワクすることないかな。」

「さえこさんは今まで、どういうときにワクワクした？」

「うーん、そうね。ピアノの発表会の前かな。今までの練習の成果を見せつけたい気持ちでワクワクするの。」

「いいね。自分がどんなときにワクワクするかって、意外と知らないかもね。」

あなたが一番ワクワクすることは何？

まどか先生

- 何をしているときに時間を忘れるほど夢中になるかな？
- 外で遊ぶとき、何をするのが一番楽しい？

ワクワクすることって、人それぞれだよね。さえこさんの場合はピアノかぁ。

ゆい

そうだね。でも、ゆいさんが遊園地を楽しみにしてるのを聞いて、私もワクワクしてきたよ！

さえこ

ほんと？じゃあ、今度いっしょに行こうよ！
二人でワクワクを共有できたら、もっと楽しいよ！

まどか先生からの **アドバイス**

　自分のワクワクすることを見つけるときは、心がおどる瞬間に注目しよう。好きな活動、好奇心をくすぐること、または楽しいと感じる体験を思い出してみて。ふだん何気なく過ごしている中で、特に楽しく感じる瞬間や活動は何かな？それは友達と遊ぶときや、新しいことを学んでいるときかもしれないね。自分が本当に夢中になれることに気づいたら、それがあなたのワクワクすることだよ。
　では、次は本を読んでいる他のみんなからの質問です。あなたもいっしょに考えてみましょう。

みんなからの質問コーナーです。 あなたも考えて答えてみましょう。
（　）は、まどか先生の答えです。

質問 どんな遊びが一番ワクワクしますか？

（先生は、相手の次の手を予想するチェスがワクワクするよ。）

質問 休みの日にしたいことは何ですか？

（休日には、よく自然の中を散歩します。森や公園を歩いて、新しい花や鳥を見つけるのが大好きです。）

質問 夢中になれるものは何ですか？

（先生は料理をすることに夢中になれます。新しいレシピを試したり、異なる食材を組み合わせてみたりするのがとても楽しいです。）

>>> いろいろな答えがあったよね。では最後にコグトレ先生からのアドバイスだよ。

ここのまとめ

コグトレ先生

ワクワクすることを考えてもらうことで、自分の好きなことを知ることができます。自分の好きなことをしているときが一番、自分らしいと言えるでしょう。それが自分自身なのです。つらいことがあって、気分が落ちこんで、だれかとケンカするのも、自分の一部です。でも、好きなことをしてかがやいている自分が本当の自分だと思います。みんなもこれからもワクワクすることを見つけていきましょう。

→これで終わりだよ。おつかれさまでした。最後に、れんさんとゆいさんからお話があるよ。

おわりに

どうでしたか？難しかったですか？

れん

難しい課題があったかもしれませんが、ヒントで分かった課題もあったと思います。

ゆい

ぼく、最初は自分の性格が分からなかったけど、今ではだいぶ分かりかけてきたよ。

私も自分の性格が分かりかけてきた。意外と悪くないかも。

みなさんはどうでしたか？自分の性格について考えてみたり、新しい発見があったりしましたか？

今、自分の性格でなやんでいるかもしれないけど、そんなときは、性格は変わる、いろんな性格があってもいい、ということを思い出してくださいね。

これからも自分の性格でなやむことがあったら、またこの本を読んでください。

困ったときほど成長できるって分かったから、私たちもいっぱいなやみながら成長していきます。

最後まで読んでくれてありがとうございました。いつも笑顔を忘れず元気でいましょうね。

編著者紹介

宮口　幸治（みやぐち・こうじ）　編著者

立命館大学教授、児童精神科医。一社）日本 COG-TR 学会代表理事、一社）日本授業 UD 学会理事。医学博士、日本精神神経学会専門医、子どものこころ専門医、臨床心理士、公認心理師。京都大学工学部卒業、建設コンサルタント会社勤務の後、神戸大学医学部医学科卒業。大阪府立精神医療センターなどに勤務の後、法務省宮川医療少年院、交野女子学院医務課長を経て、2016 年より現職。児童精神科医として、困っている子どもたちの支援を教育・医療・心理・福祉の観点で行う「日本 COG-TR 学会」を主宰し、全国で教員向けに研修を行っている。著書に『教室の困っている発達障害をもつ子どもの理解と認知的アプローチ』『性の問題行動をもつ子どものためのワークブック』『教室の「困っている子ども」を支える 7 つの手がかり』『NG から学ぶ　本気の伝え方』（以上、明石書店）、『コグトレ　みる・きく・想像するための認知機能強化トレーニング』（三輪書店）、『1 日 5 分！　教室で使えるコグトレ』（東洋館出版社）、『ケーキの切れない非行少年たち』『どうしても頑張れない人たち』『歪んだ幸せを求める人たち』（以上、新潮社）、『境界知能とグレーゾーンの子どもたち』（扶桑社）、『境界知能の子どもたち』（SB 新書）などがある。

閑喜　美史（かんき・みふみ）　著者

梅花女子大学心理こども学部心理学科教授。一社）日本 COG-TR 学会理事。小学校、特別支援学校教諭、大阪府教育センター支援教育推進室室長・首席指導主事を経て、2017 年より現職。主な著書に『保育発達学』（分担、ミネルヴァ書房）、『「気づき」からの支援スタートブック』（共著、明治図書出版）、『インクルーシブ保育論』（分担、ミネルヴァ書房）、『コグトレ計算ドリル（小学 1 ～ 3 年）』（監修、受験研究社）、『コグトレ実践集』（編者、三輪書店）などがある。

自分でできるコグトレ④
正しく自分に気づくためのワークブック
学校では教えてくれない　困っている子どもを支える認知ソーシャルトレーニング

2024 年 10 月 31 日　　初版第 1 刷発行

編著者	宮口幸治
著　者	閑喜美史
シナリオ制作	宮口　円
発行者	大江道雅
発行所	株式会社明石書店

〒101-0021 東京都千代田区外神田 6-9-5

電話	03-5818-1171
FAX	03-5818-1174
振替	00100-7-24505

https://www.akashi.co.jp

カバー・本文イラスト	今井ちひろ
装丁	谷川のりこ
印刷・製本	モリモト印刷株式会社

定価はカバーに記してあります。　　　　　　　　　　　　　　ISBN978-4-7503-5821-5

JCOPY〈出版者著作権管理機構　委託出版物〉
本書の無断複製は著作権法上での例外を除き禁じられています。複製される場合は、そのつど事前に、出版者著作権管理機構（電話 03-5244-5088、FAX 03-5244-5089、e-mail: info@jcopy.or.jp）の許諾を得てください。

自分でできるコグトレ
学校では教えてくれない困っている子どもを支えるトレーニングシリーズ

宮口 幸治 編著

■B5判変型／並製　各巻1800円

学校教育等で幅広く使われ始めているコグトレを、子どもが一人でも取り組めるように構成したワークブックシリーズです。小学生の姉弟の毎日に起こる出来事を通して、困ったことや不安なことを「解決する力」を身につけることができます。

① 学びの土台を作るためのワークブック
② 感情をうまくコントロールするためのワークブック
③ うまく問題を解決するためのワークブック
④ 正しく自分に気づくためのワークブック
⑤ 対人マナーを身につけるためのワークブック
⑥ 身体をうまく使えるためのワークブック

教室の困っている発達障害をもつ子どもの理解と認知的アプローチ
非行少年の支援から学ぶ学校支援
宮口幸治著
◎1800円

教室の「困っている子ども」を支える7つの手がかり
この子はどこでつまずいているのか？
宮口幸治・松浦直己著
◎1300円

性の問題行動をもつ子どものためのワークブック
発達障害・知的障害のある児童・青年の理解と支援
宮口幸治・川上ちひろ著
◎2000円

NGから学ぶ 本気の伝え方
あなたも子どものやる気を引き出せる！
宮口幸治・田中繁富著
◎1400円

子どもアドボカシーQ&A
30の問いからわかる実践ガイド
栄留里美編著
◎2200円

カモフラージュ
自閉症女性の知られざる生活
サラ・バーギエラ著　ソフィー・スタンディング絵
田宮裕子・田宮聡訳
◎2000円

イラスト版 子どもの認知行動療法【全10巻】
ドーン・ヒューブナーほか著
ボニー・マシューズほか絵
上田勢子訳
◎各巻1500円

発達障害白書
知的・発達障害を巡る法や制度、社会動向の最新情報を網羅。
日本発達障害連盟編
【年1回刊】
◎3000円

〈価格は本体価格です〉